团 体 标 准

公路养护技术工人职业技能水平·评价

Evaluate of Occupational Skill Level of Highway Maintenance Technical Workers

T/CICE 001—2023

主编单位:交通运输部公路科学研究院
发布单位:中国交通教育研究会
实施日期:2023 年 03 月 28 日

人民交通出版社股份有限公司

北 京

图书在版编目(CIP)数据

公路养护技术工人职业技能水平·评价/交通运输部公路科学研究院主编.—北京:人民交通出版社股份有限公司,2023.3
ISBN 978-7-114-18632-5

Ⅰ.①公… Ⅱ.①中… Ⅲ.①公路养护—职业技能—评价 Ⅳ.①U418

中国国家版本馆 CIP 数据核字(2023)第 029820 号

标准类型:团体标准
Gonglu Yanghu Jishu Gongren Zhiye Jineng Shuiping ·Pingjia
标准名称:公路养护技术工人职业技能水平·评价
标准编号:T/CICE 001—2023
著 作 者:交通运输部公路科学研究院
责任编辑:袁　方
责任校对:孙国靖　卢　弦
责任印制:刘高彤
出版发行:人民交通出版社股份有限公司
地　　址:(100011)北京市朝阳区安定门外外馆斜街 3 号
网　　址:http://www.ccpcl.com.cn
销售电话:(010)59757973
总 经 销:人民交通出版社股份有限公司发行部
经　　销:各地新华书店
印　　刷:北京市密东印刷有限公司
开　　本:880×1230　1/16
印　　张:1.25
字　　数:35 千
版　　次:2023 年 3 月　第 1 版
印　　次:2023 年 3 月　第 1 次印刷
书　　号:ISBN 978-7-114-18632-5
定　　价:45.00 元

(有印刷、装订质量问题的图书,由本公司负责调换)

T/CICE 001—2023

目　次

前言 .... Ⅲ
1　范围 1
2　规范性引用文件 1
3　术语和定义 1
4　基本要求 2
5　专业知识 2
6　职业技能 4
7　评价要求 8
8　培训要求 11
参考文献 13

Ⅰ

前　言

本文件按照 GB/T 1.1—2020《标准化工作导则　第1部分：标准化文件的结构和起草规则》的规定起草。

本文件由中国交通教育研究会提出并归口。

本文件起草单位：交通运输部公路科学研究院、中路交科（北京）交通咨询有限公司、长安大学、中交瑞通路桥养护科技有限公司、江苏省交通技师学院、浙江交通职业技术学院、吉林交通职业技术学院、云南交通运输职业学院、青海交通职业技术学院、北京工业大学、北京首发公路养护工程有限公司、西安三好软件技术股份有限公司、台州市公路与运输管理中心。

本文件主要起草人：任红伟、陈敏、王畅乐、王君、张久鹏、顾博渊、汪军伟、吴颖峰、王连威、高小妮、严周、莫延英、丁勇杰、高伟、张巍、李威、李玮、赵晓康、秦洲、田正、倪雷、赵正信、赵建峰、钱银华、张晔、袁其华、李果、孙海乾、邢辉、杨小春、应伟、邝思芹、黄长新、姜维。

本文件主要审查人：刘瑞昕、李强、杨帆、蒙华、刘永澎、周玉波、吴晓航、王琳、曾波波、姜宏维、朱永祥。

本文件为首次发布。

公路养护技术工人职业技能水平·评价

1 范围

本文件规定了公路养护技术工人职业技能水平评价的基本要求、专业知识、职业技能、评价要求培训要求等内容。

本文件适用国家机关、企事业单位及社团组织对公路养护技术工人专业知识和职业技能的培训、考核与评价。相关用人单位的人员聘用、培训、考核可根据需要参考本文件执行。

公路养护技术工人职业技能等级评价包括路基路面、桥涵、隧道、交通安全设施等专业的考核。

公路养护技术工人职业技能水平评价除符合本文件外,尚应符合国家、行业颁布的其他有关标准、规程的规定。

2 规范性引用文件

下列文件中的内容通过文件中的规范性引用而构成本文件必不可少的条款。其中,注日期的引用文件,仅该日期对应的版本适用于本文件;不注日期的文件,其最新版本(包括所有的修改单)适用于本文件。

JTG 5150 公路路基养护技术规范
JTG 5120 公路桥涵养护规范
JTG H12 公路隧道养护技术规范

3 术语和定义

下列术语和定义适用于本文件。

3.1

公路养护技术工人 Highway Maintenance Technical Workers

了解、熟悉和掌握公路养护的基本知识,具备一定的养护技能,能够使用工具、机械设备对公路及其设施进行养护及维修的人员。公路养护技术工人分初级公路养护技术工人、中级公路养护技术工人和高级公路养护技术工人。

3.2

初级公路养护技术工人 Junior Highway Maintenance Technical Workers

了解公路养护基本知识,基本掌握公路养护的技术技能,经本职业技能等级培训并通过考核达到初级水平的人员。

3.3

中级公路养护技术工人 Intermediate Highway Maintenance Technical Workers

熟悉公路养护基本知识,掌握公路养护的技术技能,经本职业技能等级培训并通过考核达到中级水平的人员。

3.4

高级公路养护技术工人 Senior Highway Maintenance Technical Workers

掌握公路养护基本知识,熟练掌握公路养护的技术技能,经本职业技能等级培训并通过考核达到高级水平的人员。

3.5
公路养护技术工人专业知识 Professional Knowledge of Highway Maintenance Technical Workers

公路养护技术工人应了解、熟悉、掌握的本职业通用基础知识，包括但不限于预防养护、修复养护、专项养护和应急养护等方面基础知识。

3.6
公路养护技术工人职业技能 Professional Ability of Highway Maintenance Technical Workers

公路养护技术工人在了解、熟悉、掌握本职业专业知识的基础上，应具备的实施预防养护、修复养护、专项养护和应急养护的本职业多种综合能力。

3.7
公路养护技术工人职业技能水平·评价 Professional Ability Evaluation of Highway Maintenance Technical Workers

通过理论知识考试、技能考核以及综合评审的方式、方法对公路养护技术工人进行分级。

3.8
公路养护技术工人职业培训 Professional Training of Highway Maintenance Technical Workers

以培养、提高职业素质和职业技能为目的，对公路养护从业和即将从业人员进行的教育、训练活动。

4 基本要求

4.1 职业道德

4.1.1 职业道德基本知识

职业道德包括职业理想、职业态度、职业义务、职业纪律、职业良心、职业荣誉、职业作风等，公路养护技术工人在从事公路养护工作中应牢固树立社会主义荣辱观，加强职业道德修养，提升职业道德水平。

4.1.2 公路养护技术工人应坚持为人民服务的职业道德核心，坚持为人民服务的原则、集体主义原则、主人翁劳动态度的职业道德基本原则。

4.2 职业守则

a) 遵纪守法，爱岗敬业；
b) 忠于职守，吃苦耐劳；
c) 谦虚谨慎，团结协作；
d) 规范操作，保证质量；
e) 安全生产，文明施工。

5 专业知识

5.1 专业基础知识

5.1.1 公路基础知识

公路基础知识包括但不限于：
a) 公路等级及技术指标；
b) 路基的常见结构形式和材料组成；
c) 路面的常见结构形式和材料组成；
d) 桥涵的分类和结构组成；
e) 隧道的特点和结构组成；
f) 交通安全设施的组成；

g) 公路绿化与环境保护知识。

5.1.2 公路测量基础知识

公路测量基础知识包括但不限于：水准测量、角度测量、距离测量的方法和要求，定位放样的方法和要求等。

5.1.3 工程识图基础知识

工程识图基础知识包括但不限于：公路工程施工图的识图和简单结构的草图绘制等。

5.1.4 工程机械基础知识

工程机械基础知识包括但不限于：常见公路养护设备的技术性能和安全事项等。

5.1.5 班组作业基础知识

班组作业基础知识包括但不限于：公路养护班组现场作业的管理要求、公路养护班组的作业计划和生产图表、公路养护资料统计的记录方法以及公路养护施工信息化设备的基本操作知识等。

5.1.6 安全生产、职业健康与环境保护基础知识

安全生产、职业健康与环境保护基础知识包括但不限于：公路养护工程实施过程中作业区安全防护、现场安全操作、应急救援、劳动保护和环境保护等知识。

5.2 公路常见病害与处治知识

5.2.1 路基路面常见病害及处治方法

公路养护技术工人应熟悉路基路面常见病害及处治方法，包括但不限于：
a) 能识别路肩和路缘石缺损、阻挡路面排水、路肩不洁等病害，并熟悉病害的处治方法；
b) 能识别路堤和路床的杂物堆积、不均匀沉降、开裂滑移和翻浆冻胀等病害，并熟悉病害的处治方法；
c) 能识别路基边坡的坡面冲刷、碎落崩塌、局部坍塌和滑坡等病害，并熟悉病害的处治方法；
d) 能识别路基的既有防护及支挡结构物的表观破损、排(泄)水孔淤塞、局部损坏和结构失稳等病害，并熟悉病害的处治方法；
e) 能识别排水设施的填塞、损坏和不完善等病害，并熟悉病害的处治方法；
f) 能识别沥青路面的龟裂、块裂、纵横裂等裂缝类病害，并熟悉病害的处治方法；
g) 能识别沥青路面的沉陷、车辙、波浪拥包等变形类病害，并熟悉病害的处治方法；
h) 能识别沥青路面的坑槽、松散等松散类病害，并熟悉病害的处治方法；
i) 能识别沥青路面的泛油、修补等其他病害，并熟悉病害的处治方法；
j) 能识别水泥混凝土路面的破碎板、裂缝、板角断裂等断裂类病害，并熟悉病害的处治方法；
k) 能识别水泥混凝土路面的边角剥落、接缝料损坏等接缝类病害，并熟悉病害的处治方法；
l) 能识别水泥混凝土路面的坑洞、露骨等表面破坏类病害，并熟悉病害的处治方法；
m) 能识别水泥混凝土路面的错台、拱起、唧泥、修补等其他病害，并熟悉病害的处治方法。

5.2.2 桥梁结构常见病害及处治方法

公路养护技术工人应熟悉桥梁结构常见病害及处治方法，包括但不限于：
a) 能识别混凝土的表面蜂窝、麻面和网裂等病害，并熟悉病害的处治方法；
b) 能识别混凝土的破损、缺失和露筋等病害，并熟悉病害的处治方法；
c) 能识别钢筋锈蚀、锈胀和露筋等病害，并熟悉病害的处治方法；
d) 能识别钢筋混凝土和预应力混凝土梁板的底板横向裂缝、腹板竖向裂缝、斜向裂缝和纵向裂缝等病害，并熟悉病害的处治方法；
e) 能识别桥梁钢构件的表面污垢、破损、焊缝裂纹、未熔合、夹渣、未填满、弧坑，连接螺栓松动等

病害,并熟悉病害的处治方法;
- f) 能识别圬工结构裂缝、砌块破损、灰缝脱落、渗水等病害,并熟悉病害的处治方法;
- g) 能识别横向连接构件的破损、裂缝等病害,并熟悉病害的处治方法;
- h) 能识别支座的脱空、剪切、老化、开裂、移位等病害,并熟悉病害的处治方法;
- i) 能识别墩台的竖向裂缝、横向裂缝和斜向裂缝等病害,并熟悉病害的处治方法;
- j) 能识别桥台锥坡、护坡的破损、凹陷等病害,并熟悉病害的处治方法;
- k) 能识别水中基础的冲刷、淘空等病害,并熟悉病害的处治方法;
- l) 能识别桥面铺装的纵、横坡顺适、龟裂、纵横裂缝、坑槽、拥包、拱起、剥落、错台、磨光、泛油、变形、脱皮、露骨、接缝料损坏、桥头跳车等病害,并熟悉病害的处治方法;
- m) 能识别伸缩缝的异常变形、破损、脱落、漏水、失效和锚固区缺陷和明显跳车等病害,并熟悉病害的处治方法;
- n) 能识别人行道的开裂、破损和缺失等病害,并熟悉病害的处治方法;
- o) 能识别栏杆或护栏的倾斜偏位、破损、缺失病害,并熟悉病害的处治方法;
- p) 能识别防排水系统的不顺畅、泄水管和引水槽的缺陷、桥头排水沟功能缺陷等病害,并熟悉病害的处治方法。

5.2.3 隧道常见病害及处治方法

公路养护技术工人应熟悉隧道常见病害及处治方法,包括但不限于:
- a) 能识别衬砌裂缝病害,并熟悉病害的处治方法;
- b) 能识别衬砌剥落病害,并熟悉病害的处治方法;
- c) 能识别衬砌渗漏病害,并熟悉病害的处治方法;
- d) 能识别洞门墙破损病害,并熟悉病害的处治方法;
- e) 能识别洞口边、仰坡水毁(滑坡、泥石流)病害,并熟悉病害的处治方法;
- f) 能识别洞内排水系统排水不畅、淤积等病害,并熟悉病害的处治方法。

5.2.4 交通安全设施常见病害及处治方法

公路养护技术工人应熟悉交通安全设施常见病害及处治方法,包括但不限于:
- a) 能识别交通标志、路面标线、突起路标、轮廓标、护栏、隔离栅、防眩设施和其他交通安全设施的损坏病害,并熟悉病害的处治方法;
- b) 能识别公路机电系统(包括监控系统、收费系统、通信系统、供配电系统)的损坏病害,并熟悉病害的处治方法;
- c) 能识别服务设施和养护房屋的损坏病害,并熟悉病害的处治方法;
- d) 能识别防护设施的损坏病害,并熟悉病害的处治方法;
- e) 能识别缓冲设施的损坏病害,并熟悉病害的处治方法;
- f) 能识别公路绿化的损坏病害,并熟悉病害的处治方法。

6 职业技能

6.1 初级公路养护技术工人职业技能

6.1.1 路基

初级公路养护技术工人在路基养护方面的职业技能应满足下列要求:
- a) 了解 JTG 5150 公路路基养护规范及公路路基养护有关的规程、规范、标准、法规,懂得养护专业知识,能够在专业技术人员和中、高级公路养护技术工人指导下,完成公路路基养护技术作业;

b) 能够按要求开展公路路基日常巡查,记录并反馈巡查内容;
c) 能够按要求对公路路肩、边坡、挡土墙及排水设施等进行清理和维护;
d) 能够按要求配合专业技术人员开展公路路基经常检查,对公路路肩、边坡、防护及支挡结构物、排水设施等出现的病害进行判定和描述,记录并统计经常检查的内容;
e) 能够按要求对路肩大面积损坏,路堤出现的不均匀沉降、边坡局部坍塌、防护及支挡结构局部损坏、排水设施局部损坏等进行修复养护;
f) 能够配合专业技术人员对常见的陷穴、泥沼和软基等特殊路基病害进行处治。

6.1.2 路面

初级公路养护技术工人在路面养护方面的职业技能应满足下列要求:

a) 能够按要求开展公路路面日常巡查,记录并反馈巡查内容;
b) 能够按要求对公路路面进行清理和维护;
c) 能够配合专业技术人员对公路路面开展经常检查,对出现的病害进行判定和描述,记录并反馈经常检查的内容;
d) 能够对沥青混凝土路面局部出现的松散、裂缝、坑槽和拥包等病害进行预防养护;
e) 能够对沥青混凝土路面出现的龟裂、车辙、坑槽等病害和缺陷进行修复养护;
f) 能够对水泥混凝土路面出现的轻微裂缝、轻微错台及填缝料剥落等病害进行预防养护;
g) 能够对水泥混凝土路面出现的裂缝、边角剥落等病害和缺陷进行修复养护。

6.1.3 桥涵

初级公路养护技术工人在桥涵养护方面的职业技能应满足下列要求:

a) 了解 JTG 5120 公路桥涵养护规范及公路桥涵养护有关的规程、规范、标准、法规,懂得养护专业知识,能够在专业技术人员和中、高级公路养护技术工人指导下,完成公路桥涵养护技术作业;
b) 能够按要求开展公路桥涵日常巡查,记录并反馈巡查内容;
c) 能够按要求对桥面铺装、伸缩缝、桥梁栏杆、涵洞洞内和洞身淤积物等进行清洁和维护;
d) 能够配合专业技术人员开展公路桥涵经常检查,对公路桥涵破损类型及状况进行判定及描述,记录并反馈经常检查的内容;
e) 能够按要求对桥面铺装、伸缩缝、桥梁栏杆、支座、涵洞洞口及洞身等结构的轻微破损进行修复养护。

6.1.4 隧道

初级公路养护技术工人在隧道养护方面的职业技能应满足下列要求:

a) 了解 JTG H12 公路隧道养护技术规范及公路隧道养护有关的规程、规范、标准、法规,懂得养护专业知识,能够在专业技术人员和中、高级公路养护技术工人指导下,完成公路隧道养护技术作业;
b) 能够按要求开展公路隧道日常巡查,记录并反馈巡查内容;
c) 能够按要求对隧道路面、顶板、内装饰、侧墙和洞门及排水设施等进行清洁和维护;
d) 能够配合专业技术人员开展公路隧道经常检查,对公路隧道破损类型及状况进行判定及描述,记录并统计经常检查的内容;
e) 能够按要求对公路隧道洞口、洞门、衬砌、路面及检修道、排水设施等轻微破损进行修复养护。

6.1.5 交通安全设施

初级公路养护技术工人在交通安全设施方面的职业技能应满足下列要求:

a) 能够按要求开展公路交通安全设施日常巡查,记录并反馈巡查内容;

b) 能够按要求对交通标志、标线等进行清洁和维护；
c) 能够配合专业技术人员开展公路交通安全设施经常检查，对公路交通安全设施破损类型及状况进行判定及描述，记录并统计经常检查的内容；
d) 能够按要求对公路交通安全设施的轻微破损进行修复。

6.2 中级公路养护技术工人职业技能

6.2.1 路基

中级公路养护技术工人在路基养护方面，在满足初级养护技术工人职业技能的基础上应满足下列要求：

a) 熟悉 JTG 5150 公路路基养护技术规范及公路路基养护有关的规程、规范、标准、法规，懂得养护专业知识，具有独立完成公路路基养护工作的能力；
b) 能够配合专业技术人员开展公路路基定期检查及技术状况评定，记录并反馈定期检查的内容；
c) 能够按要求对整段公路破坏严重路肩、边坡大面积坍塌、防护及支挡结构物大面积表面破损与露筋、排水设施功能缺失等常见病害进行修复养护；
d) 能够按要求对公路路肩大面积裂缝、变形及损坏，路基纵向开裂、滑移及桥头跳车，边坡大面积滑塌及边坡防护修建与拆除、防护及支挡结构物出现的下沉和开裂，及排水设施不完善或未与排水系统衔接等问题进行修复养护；
e) 能够按要求对本地区特有的泥沼和软土地区路基、多年冻土地区路基、盐渍土地区路基等进行修复养护。

6.2.2 路面

中级公路养护技术工人在路面养护方面，在满足初级养护技术工人职业技能的基础上应满足下列要求：

a) 能够配合专业技术人员开展公路路面技术状况检测评定，记录并反馈定期检查的内容；
b) 能够对公路沥青路面大面积出现的松散、裂缝、坑槽、拥包和水毁等常见病害进行预防养护；
c) 能够对公路沥青路面大面积出现的裂缝、沉陷、严重松散及坑槽等病害和缺陷进行修复养护；
d) 能够对水泥混凝土路面大面积出现的裂缝、唧浆、露骨、错台与脱空等病害进行预防养护；
e) 能够对水泥混凝土路面出现的中度和重度裂缝、板角断裂及拱起等病害和缺陷进行修复养护。

6.2.3 桥涵

中级公路养护技术工人在桥涵养护方面，在满足初级养护技术工人职业技能的基础上应满足下列要求：

a) 熟悉 JTG 5120 公路桥涵养护规范及公路桥涵养护有关的规程、规范、标准、法规，懂得养护专业知识，具有独立完成公路桥涵养护工作的能力；
b) 能够配合专业技术人员开展公路桥涵的定期检查及技术状况评定，记录并反馈定期检查的内容；
c) 能够按要求对公路桥梁及涵洞非结构开裂、蜂窝、空洞、破损、剥落等常规病害进行处治；
d) 能够按要求对公路桥涵钢构件焊缝轻微开裂、防腐层局部脱落、圬工砌体结构表面风化脱落、支座偏压与脱空、桥涵基础冲刷、桥涵积水及桥面铺装破损等病害进行修复养护；
e) 能够按要求对公路桥涵结构防腐涂层损坏或起泡、构件大面积表观破坏、墩台台身裂缝、支座系统破损与更换、涵台破损开裂、附属设施破坏等病害和缺陷进行修复养护。

6.2.4 隧道

中级公路养护技术工人在隧道养护方面，在满足初级养护技术工人职业技能的基础上应满足下列要求：

a) 熟悉 JTG H12 公路隧道养护技术规范及公路隧道养护有关的规程、规范、标准、法规,懂得养护专业知识,具有独立完成公路隧道养护工作的能力;
b) 能够配合专业技术人员开展公路隧道的定期检查及技术状况评定,记录并统计定期检查的内容;
c) 能够按要求对公路隧道衬砌混凝土表面的蜂窝麻面、衬砌、洞门裂缝、渗漏水、路面翻水等常规病害进行处治;
d) 能够按要求对隧道边仰坡防护、路面缺损、隧道洞外截、排水沟、洞内排水边沟等结构的一般破损进行修复养护;
e) 能够按要求对隧道预埋件进行修复养护。

6.2.5 交通安全设施

中级公路养护技术工人在交通安全设施养护方面,在满足初级养护技术工人职业技能的基础上应满足下列要求:
a) 能够配合专业技术人员开展公路交通安全设施的定期检查及技术状况评定,记录并统计定期检查的内容;
b) 能够按要求对公路交通安全设施常规病害进行处治;
c) 能够按要求对公路交通安全设施一般破损进行修复。

6.3 高级公路养护技术工人职业技能

6.3.1 路基

高级公路养护技术工人在路基养护方面,在满足初、中级养护技术工人职业技能的基础上应满足下列要求:
a) 熟悉、掌握 JTG 5150 公路路基养护技术规范及有关公路路基养护的规程、规范、标准、法规,掌握养护专业知识,有丰富的公路路基养护技术实践工作经验,能处理养护作业中较复杂疑难技术问题;具有培养和指导初、中级专业公路养护技术工人工作的能力;
b) 能够组织实施按照规定的要求开展公路路基定期检查、专项检查和应急检查的各项检查工作,记录并统计检查内容;
c) 能够按要求对公路路基边坡大面积碎落和崩塌,防护及支挡结构物露筋锈蚀严重及严重积水,排水设施功能缺失等病害进行修复养护;
d) 能够按要求对路基的隆起、变形、翻浆、沉陷、侧向滑移,边坡整体下滑和位移,防护及支挡结构物倾斜、滑移和倒塌等典型病害进行修复养护;
e) 能够按照要求对黄土地区高路堤、泥沼和软土地区路基、多年冻土地区路基,盐渍土地区路基开展特殊地区路基病害处治。

6.3.2 路面

高级公路养护技术工人在路面养护方面,在满足初、中级养护技术工人职业技能的基础上应满足下列要求:
a) 能够配合专业技术人员开展公路路面定期检查、专项检查和应急检查的各项检查工作,记录并统计检查内容;
b) 能够按照要求对公路沥青路面出现的泛油、水毁、路面抗滑性能不良及行车舒适性不足等病害进行预防养护;
c) 能够按照要求对公路沥青路面表面层结构功能衰减、面层或基层结构破坏等严重病害及缺陷进行功能性修复;
d) 能够按照要求对公路水泥混凝土路面抗滑性能不良、路面平整度不足等病害进行预防养护;

e) 能够对公路水泥混凝土路面纵横向深度裂缝、板块破碎及路面结构整体破坏等严重病害及缺陷进行功能性修复。

6.3.3 桥涵

高级公路养护技术工人在桥涵养护方面，在满足初、中级养护技术工人职业技能的基础上应满足下列要求：

a) 熟悉掌握 JTG 5120 公路桥涵养护规范及公路桥涵养护有关的规程、规范、标准、法规，懂得养护专业知识，有丰富的养护技术实践工作经验，能处理养护作业中较复杂疑难技术问题；具有培养和指导初、中级专业公路养护技术工人工作的能力；
b) 能够按照规定的要求开展公路桥涵定期检查、专项检查和应急检查的各项检查工作，记录并统计检查内容；
c) 能够按照要求对公路桥涵混凝土构件严重表观缺损、较大裂缝、防腐涂层大面积脱落、圬工砌体开裂或脱落、支座老化或变形过大、过水桥涵冲刷、桥面铺装大面积破损等严重病害进行修复养护；
d) 能够按照要求对公路桥涵结构防腐涂层全部损坏或起泡、影响结构受力的大型表观破坏、墩台发生位移、支座系统功能丧失、桥涵基础不均匀沉降、涵洞洞身严重开裂、附属设施严重破坏或丧失功能等病害和缺陷进行修复养护。

6.3.4 隧道

高级公路养护技术工人在隧道养护方面，在满足初、中级养护技术工人职业技能的基础上应满足下列要求：

a) 熟悉掌握 JTG H12 公路隧道养护技术规范及公路隧道养护有关的规程、规范、标准、法规，有丰富的公路隧道养护技术实践工作经验，能处理养护作业中较复杂疑难技术问题；具有培养和指导初、中级专业公路养护技术工人工作的能力；
b) 能够按照规定的要求开展公路隧道定期检查、专项检查和应急检查的各项检查工作，记录并统计检查内容；
c) 能够按要求对隧道边仰坡滑塌、落石，洞门墙大范围开裂、倾斜、沉陷等严重破损进行修复养护；
d) 能够按要求采用衬砌背后空洞注浆、衬砌钢板加固、套拱加固、隧底处治、路面改造、中心沟疏通及排水系统改造等方法对公路隧道典型病害进行修复养护。

6.3.5 交通安全设施

高级公路养护技术工人在交通安全设施养护方面，在满足初、中级养护技术工人职业技能的基础上应满足下列要求：

a) 能够按要求配合专业技术人员开展公路交通安全设施定期检查、专项检查和应急检查的各项检查工作，记录并统计检查内容；
b) 能够按要求对公路交通安全设施严重病害进行修复养护；
c) 能够按要求组织开展各类交通安全设施修复养护。

7 评价要求

7.1 评价主体及对象

7.1.1 评价主体

依据本文件实施职业技能等级认定的国家机关、企事业单位及社团组织。

7.1.2 评价对象

从事或准备从事公路养护的技术工人。

7.2 评价原则

a) 遵循公开原则，申报条件、评价方式、评价内容、评价流程均面对考生公开，申报通过人员名单、评价结果均进行公示；
b) 遵循公平公正原则，坚持公平竞争，实行统一考试时长、统一考试知识点、统一合格标准；
c) 遵循自愿原则，国家机关、企事业单位及社团组织自愿采用本文件进行公路养护技术工人职业技能评价，参与评价人员自愿参与公路养护技术工人职业技能评价；
d) 遵循诚信原则，应自觉遵守公路养护技术工人职业技能评价有关政策；诚信报名，如实填写报名信息；诚信考试，遵守考试纪律，服从考试安排，不舞弊或协助他人舞弊；考后不散布、不传播考试试题，不参与网上不负责任的议论。

7.3 申报条件

凡中华人民共和国公民，遵守国家法律、法规，恪守职业道德，具备交通类、土木建筑类专业知识，或者具有公路养护、公路建设、筑路机械操作、桥梁隧道建设维修、铁道线路施工维修、道岔制修及其他公路施工相关工作经验的人员，均可申报公路养护技术工人职业技能评价。

7.3.1 初级公路养护技术工人职业技能评价申报条件

具备下列条件之一者，可申报初级公路养护技术工人职业技能评价：

a) 年满18周岁，累计从事本职业或相关职业工作2年(含)以上；
b) 年满18周岁，取得中等职业学校及以上本专业或相关专业毕业证书(含即将取得毕业证书的在校应届毕业生)；
c) 本科及以上学历人员。

7.3.2 中级公路养护技术工人职业技能评价申报条件

具备下列条件之一者，可申报中级公路养护技术工人职业技能评价：

a) 取得初级公路养护技术工人职业技能评价证书后，累计从事本职业或相关职业工作2年(含)以上；
b) 取得高等职业学校(专科)及以上本专业或相关专业毕业证书(含即将取得毕业证书的在校应届毕业生)；
c) 本科及以上毕业生，累计从事本职业或相关职业工作2年(含)以上；
d) 累计从事本职业或相关职业工作6年(含)以上。

7.3.3 高级公路养护技术工人职业技能评价申报条件

具备下列条件之一者，可申报高级公路养护技术工人职业技能评价：

a) 取得中级公路养护技术工人职业技能评价证书后，累计从事本职业或相关职业工作2年(含)以上；
b) 累计从事本职业或相关职业满10年(含)以上；
c) 对于能够解决本职业高难度技术操作和工艺难题，在技术改造、工艺革新、技术攻关等方面有较大突破或较大成果(须有地市级以上权威机构或技术评审机构的鉴定证书或有效证明)的主要参与者、获得省级及以上职业技能大赛较高奖项的人员、获得省级及以上技术能手称号的人员，可直接申报，经综合评审合格后直接取得高级公路养护技术工人职业技能证书。

7.4 评价方式

评价方式可采取考核评价(理论知识考试、技能考核)、综合评审两种方式。

7.4.1 考核评价

a) 理论知识考试应以笔试、机考等方式为主,主要考核从业人员从事本职业应掌握的基本要求和相关知识。实行百分制,成绩皆达60分(含)以上者为合格;

b) 技能考核应采用现场操作、模拟操作等方式进行,主要考核从业人员从事本职业应具备的实践操作技能水平。实行百分制,成绩皆达60分(含)以上者为合格。

7.4.2 综合评审

拟通过综合评审的考核方式直接申报高级公路养护技术工人职业技能评价的人员,应采取审阅材料、答辩等形式进行全面评议和审查。

7.5 评价内容

a) 评价内容须包含职业道德、专业知识、职业技能等相关知识与技能要求;

b) 公路养护技术工人理论知识考试与技能考核权重比应符合表1的要求。

表1 理论知识考试与技能考核权重表

项目		等级				
		理论知识考试权重(%)			技能考核权重(%)	
		初级	中级	高级	中级	高级
职业道德		5	5	5	—	—
专业知识	基本知识	40	25	15	—	—
	常见病害与处治	20	10	10	—	—
职业技能	路基路面	10	15	15	30	20
	桥涵	10	15	20	20	30
	隧道	10	15	20	20	30
	交通安全设施	5	15	15	30	20
合计		100	100	100	100	100

7.6 开展评价工作应具备的条件

7.6.1 评价时间

理论知识考试时间不少于90分钟,技能考核时间不少于120分钟。

7.6.2 监考人员及考评人员与考生配比

理论知识考试监考人员与考生配比宜不低于1:15,每个标准教室须不少于2名监考人员;技能考核中的考评人员与考生配比须不低于1:3,且考评人员须为3人(含)以上单数;综合评审委员须为3人(含)以上单数。

7.6.3 评价场所设备

理论知识考试场所宜为标准教室、电子计算机教室或智能考核系统;技能操作考核宜在实训基地、演练场、作业现场或模拟系统进行。场地条件及各种设备、工具、材料等应满足实际操作需要,并应符合环境保护、劳动保护、安全、消防及防疫等的规定。

7.7 证书管理

7.7.1 结果公布

评价对象可通过公路养护技术工人职业技能等级评价系统查询评价结果。

7.7.2 证书查验

《公路养护技术工人职业技能等级证书》在印发纸质证书的同时推行电子证书,考核合格者,可登录公路养护技术工人职业技能等级证书查询系统进行查验,电子证书与纸质证书具有同等效力。

7.7.3 证书有效期

《公路养护技术工人职业技能等级证书》有效期为5年,有效期届满符合继续教育要求的,可进行续期,证书有效期每次续期为5年。

7.8 评价流程

公路养护技术工人职业技能评价流程见图1。

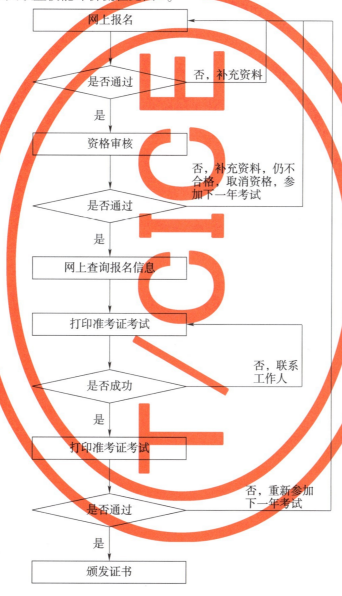

图1 公路养护工人职业技能评价流程

8 培训要求

8.1 公路养护技术工人职业技能培训内容应包括职业道德、专业知识和职业技能。

8.2 初级公路养护技术工人晋级培训期限不少于60标准学时;中级公路养护技术工人晋级培训期限

不少于 50 标准学时。

8.3 公路养护技术工人培训教师应有 5 年及以上本专业或相关专业职业教育培训工作经历，系统地掌握本学科的基础理论，具备相应的职业教育教学能力，具有较丰富的工程实践经验，并符合以下条件之一：

  a) 具有本职业或相关职业技师及以上职业资格证书。
  b) 具有本专业或相关专业中级及以上专业技术职务任职资格。

8.4 公路养护技术工人培训应以集中脱产面授为主，特殊情况可采取在线培训方式。

8.5 理论知识培训场所应具有与培训规模相适应的标准教室或计算机机房。技能考核培训场所应具有安全措施完善的实训场地和满足技能训练需要的实训操作设施设备；鼓励培训单位到养护施工现场进行技能考核培训。

8.6 继续教育要求

  在证书有效期届满前，应进行证书的验证续期工作，其间应参加一定时间的继续教育学习培训，凭继续教育合格证明文件到原发证单位验证续期。

参 考 文 献

[1] 交通运输部公路科学研究院.公路桥梁养护人员应知应会手册[M].2版.北京:人民交通出版社股份有限公司,2020.
[2] 中华人民共和国行业标准.公路缆索结构体系桥梁养护技术规范:JTG/T 5122—2021[S].北京:人民交通出版社股份有限公司,2021.
[3] 中华人民共和国行业标准.公路隧道养护技术规范:JTG H12—2015[S].北京:人民交通出版社股份有限公司,2015.
[4] 中华人民共和国行业标准.公路水泥混凝土路面养护技术规范:JTJ 073.1—2001[S].北京:人民交通出版社股份有限公司,2001.
[5] 中华人民共和国行业标准.公路沥青路面养护技术规范:JTG 5142—2019[S].北京:人民交通出版社股份有限公司,2019.
[6] 中华人民共和国行业标准.公路沥青路面预防养护技术规范:JTG/T 5142-01—2021[S].北京:人民交通出版社股份有限公司,2021.
[7] 中华人民共和国行业标准.农村公路养护技术规范:JTG/T 5190—2019[S].北京:人民交通出版社股份有限公司,2019.
[8] 中华人民共和国行业标准.公路水泥混凝土路面再生利用技术细则:JTG/T F31—2014[S].北京:人民交通出版社股份有限公司,2014.
[9] 中华人民共和国行业标准.公路沥青路面再生技术规范:JTG/T 5521—2019[S].北京:人民交通出版社股份有限公司,2019.
[10] 中华人民共和国行业标准.公路桥梁加固施工技术规范:JTG/T J23—2008[S].北京:人民交通出版社股份有限公司,2008.
[11] 中华人民共和国行业标准.公路养护安全作业规程:JTG H30—2015[S].北京:人民交通出版社股份有限公司,2015.